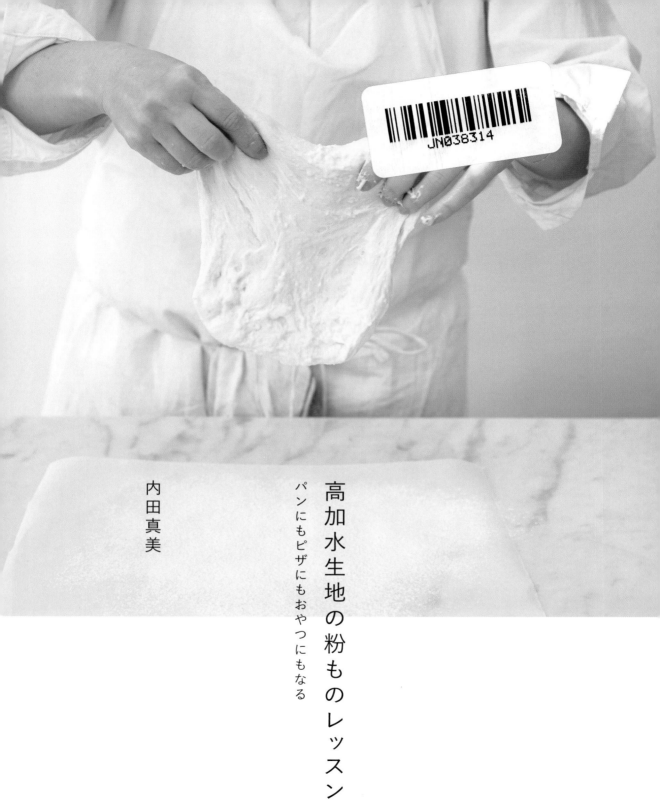

# 高加水生地の粉ものレッスン

## パンにもピザにもおやつにもなる

内田真美

はじめに

パンを作るのは門外漢ですが、この高加水生地で
作るパンだけは長く作り続けています。
私の高加水生地は、シンプルで材料も少なく、作
り方も簡単。
粉類に多めの水分を加えてまとめ、保存容器に移
して冷蔵室に入れて待つだけででき上がります。
ただ待っていただけなのにきちんと発酵してくれ
て、ふっくらもちもちとふくらんでくれることに
毎回感激してしまいます。
この生地さえあれば、ピザやフラットブレッドな
どをすぐに焼き上げることができますし、リュス
ティックや、同じ作り方でホットクやパン・ド・
カンパーニュも作れます。
買ってくるもののように形が整っていなくても、
あつあつの焼きたてを頬張る時間そのものが、ご
ちそうになります。
まずはおおらかな気持ちで粉をふるい、生地を伸
ばしてみてください。
焼きたての「粉もの」たちがあたたかく寄り添う
日常となりますように。

内田真美

目次

# 1章
## 高加水生地の基本レッスン … 8

基本の高加水生地を作る … 10

# 2章
## 材料を変えて高加水生地と同じ作り方でアジアの粉ものを作る … 58

# 3章
## 高加水生地で作るパン・ド・カンパーニュ … 86

●この本のルール

・小さじ1は5㎖、大さじ1は15㎖、1カップは200㎖です。ひとつまみは、親指、人さし指、中指の3本の指先でつまんだ量です。

・オーブンはコンベクションオーブンを使用しています。お使いのオーブンに合わせ、加熱時間を調節してください。

・加熱調理の火加減はガスコンロ使用を基準にしています。IH調理器具などの場合は、調理器具の表示を参考にしてください。

・塩は天然の塩、オリーブオイルはエキストラバージンオイルを使っています。

・バターは表記のないものは有塩を使用しています。

・野菜や果物は、特に表記していない場合は、皮をむいたり筋を取ったりしています。

・保存容器は、よく洗って完全に乾かし、清潔にしてから使ってください。

# 作りはじめる前に

高加水生地は冷蔵室で保存しますので、生地自体は冬眠している状態でゆったりと発酵が進んでいきます。4日間は冷蔵保存できる生地なので、基本の高加水生地やホットク用高加水生地を使っていろいろな粉ものを作ってみてください。パン・ド・カンパーニュの生地は2日間保存することができます。

24時間後、ふっくらと発酵していれば焼けますが、36時間以上たつと生地がより安定してきます。発酵の進み具合によって、その生地の状態に向いている粉ものは下の図を参考になさってください。

## 高加水生地で楽しむ、4日間の応用パターン

| 1日目 | 2日目 | 3日目 | 4日目 |
|---|---|---|---|

生地の変化 ————————————————————————→ もっちり

リュスティック、パン・ド・カンパーニュ

フラットブレッド

ピザ、ゼッポリーニ、ホットク、アジアの粉もの

高加水生地はその時に使う分だけ取り出せます。家族みんなの分でも自分だけの分でも、それぞれ食べる時間が違っても、その時々で使う分だけ焼けるので、毎回焼きたてが楽しめます。

大きく焼いても小さく焼いても自由ですし、ひとりでもふたりでも、子どものいる日常にも寄り添ってくれます。

私もひとりで食事をする時間には、この生地に助けられています。

また、わが家でもそうですが、子どもと一緒に粉ものを作るのはいつも楽しく、心躍ります。やわらかな生地を思いのまま伸ばしたり、それぞれ好みの具をのせたり、焼き上がるのを待ちわびたりする時間は良いものです。

お夕飯に主菜と食べるシンプルなフラットブレッドを作ったり、明日のためにリュスティックを焼いておいたり、その時々で人数や場面に合わせて変化してくれるのもこの生地の良さです。

どのようにも変化してくれる生地が冷蔵室で眠っていたら、朝も昼も夜も、特別な日も普段の日も、季節の味わいとなり、食卓を彩ってくれると思います。

# この本で使用している
# 材料と道具について

この本で使用している材料と、
生地を作るにあたり最低限必要な道具をご紹介します。
材料は私が普段の生活の中で使用しているもので、
製菓材料店で入手できます。
日常でお使いになっている材料、道具で作っても
もちろん大丈夫ですが、微量を計量しなければなりませんので、
電子スケールはぜひご用意ください。

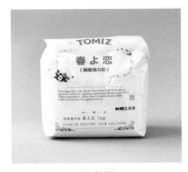

### 強力粉

春よ恋という北海道原産の強力粉を使用しています。粉の味わいが良く、もっちりとした食感に仕上がります。（春よ恋／富澤商店）

### 薄力粉

ファリーヌという北海道原産の薄力粉を使用しています。粉の風味がよく出ます。（ファリーヌ／富澤商店）

### きび砂糖

砂糖きびの風味が良い、きび砂糖を使っています。

### 塩

精製していない、味わいの強い天然の塩を使用しています。

### インスタントドライイースト

予備発酵なしで使える顆粒状の酵母です。鮮度が大切なので冷蔵室で保存しますが、少量ずつ個包装されたものをその都度開封して使うことをおすすめします。この本ではサフ社の「赤」を使用しています。（サフ インスタントドライイースト 赤／富澤商店）

### 電子スケール

微量の割合で生地を配合しますので、粉類やドライイーストなどを量るときには、電子スケールでの計量をお願いします。

### 保存容器

「基本の高加水生地を作る」（P10参照）では1800mlの保存容器を使用しています。冷蔵室で低温発酵させる際に、生地は2〜3倍ほどにふくらみます。乾燥しないよう、ふたつきの大きめの保存容器を使用してください。

# 1章
## 高加水生地の
## 基本レッスン

シンプルな高加水生地は、
焼いてピザやフラットブレッドに、
揚げてゼッポリーニに、と応用できます。
二次発酵させればリュスティックも作れる、
日常の食事に寄り添ってくれる生地です。

# 基本の
# 高加水生地を作る

水分を多く加えてまとめ、冷蔵室で時間をかけて低温発酵させます。少ない材料で作り方も簡単。
時間が生地を作ってくれます。

**材料**（作りやすい分量・約900g）

強力粉 … 300g

薄力粉 … 200g

きび砂糖（または砂糖）… 10g

塩 … 5g

インスタントドライイースト … 1g

水 … 400g（粉類の80％）

**1** 　強力粉と薄力粉を目の細かいざるや粉ふるいに入れて、ふるいながらボウルに入れる。

**2** 　ゴムべらでよく混ぜ合わせる。

**3** 粉類の上に、砂糖と塩を重ならないように間隔をあけてのせる。砂糖の上にドライイースト
をのせる。

**4** ゴムべらで全体をざっと混ぜ合わせる。

**5** 水を一度に加える。

**6** ゴムべらで下から返すようにしながら混ぜる。

**7** 粉類が水分をすべて吸った状態になるまで、下から返しながらよく混ぜる。

**8** ボウルの底や生地に粉けがなくなり、ひとまとまりになるまで混ぜる。

**9** 清潔な保存容器に入れ、ふたをして冷蔵室に入れる。

**10** 約12時間たって、上面の生地がややなめらかになったら一度冷蔵室から出す。

**11** 生地を底の方から上へたたみ込むようにして、上面の乾燥した部分を内側に折り込み、均一の生地になるようにする。

**12** 下の部分が上面にくるように上下を返し、ふたをして冷蔵室に戻し、さらに約12時間おいて発酵させる。

**13** 生地がなめらかになり、1.5 〜 2 倍にふくらんでいたらでき上がり。
＊ふたをして冷蔵室で約 4 日間保存可能。1 日 1 回生地の発酵具合を確認し、ふたの方までふくらんでいたら、
　パンチング（ガス抜き）して冷蔵室に戻す。

発酵前（写真左）と約 24 時間発酵させた後（写真右）の生地。
このくらいの違いが出る。

# 基本の
# 高加水生地で作るピザ

好みの材料をのせて焼けば、いつでも焼きたて、あつあつのピザが楽しめます。
最後に振りかけているパルミジャーノチーズのすりおろしは塩の代わりで、旨味と風味もプラスします。
パルミジャーノチーズがなければ、いつもお使いになっている自然塩などで塩味をプラスしてください。

# ピザ・マルゲリータ

混ぜるだけのトマトソースにモッツァレラチーズとバジルをのせた、シンプルで人気の高い
マルゲリータです。もっちりとした高加水生地の縁が香ばしく焼き上がります。

材料（直径20cmのもの1枚分）

基本の高加水生地（P10参照）… 200〜250g

モッツァレラチーズ … 1個（100g）

基本のトマトソース（下記参照）… 大さじ3

バジルの葉 … 10〜12枚

パルミジャーノチーズのすりおろし … 大さじ1

オリーブオイル … 適量

---

**基本のトマトソース**

煮込まない、混ぜるだけのソースです

材料（作りやすい分量）

トマトピューレ … 200g

オリーブオイル … 大さじ2

塩 … 2g（トマトピューレの重量の1％）

粗挽き黒こしょう … 少々

作り方

すべての材料を混ぜ合わせる。

＊ 保存容器に入れて冷蔵室で約7日間保存可能。

＊ 半量でも作れる。余ったらピザソースのほか、
　パスタやリゾットなどに。

本書で使用したトマトピューレ。1パック200gで使いやすい（アルチェネロ 有機トマトピューレ）

---

**1** 天板に合わせてオーブンペーパーを切る。モッツァレラチーズは手で大きめの一口大にちぎる。

**2** 手にオリーブオイル少々を塗って、高加水生地をオーブンペーパーに取り出し、丸める。手にオリーブオイルをたっぷり塗り（**A**）、縁2cmを残し、中央から奥に生地をペーパーに張りつけるようにして伸ばす（**B**）。オーブンペーパーを少しずつ回しながらこれを繰り返し、直径20cmの円形にする。

**3** 縁以外の部分にトマトソースを塗り広げ、モッツァレラチーズとバジルを散らし、パルミジャーノチーズをふる。オリーブオイル適量を上面と、縁とオーブンペーパーの境にたらす（**C**）。オーブンペーパーごと天板にのせる。

**4** オーブンを250℃に予熱し、13〜15分、全体がこんがりとするまで焼く。

手にたっぷりとオリーブオイルを塗ると生地を伸ばしやすい。縁を少し残して伸ばしていく

伸ばしても戻ってくるので、両手を使って何度も何度もペーパーに張りつけるようにして伸ばす

生地の縁とペーパーの間にオリーブオイルをたらすと、縁と底がカリッと仕上がる

# いろいろトマトのピザ

風味の違うトマトを数種類のせ、熱いトマトの果汁を楽しむピザです。
ローズマリーとほのかなにんにくの香りが、フレッシュなトマトにぴったりです。

材料（直径20cmのもの1枚分）

基本の高加水生地（P10参照）…200〜250g

好みのトマト（ここではミニトマトとミディトマト）…合わせて200g
基本のトマトソース（P19参照）…大さじ2
ピザ用チーズ…60g
ローズマリー…1枝
にんにくの薄切り…$\frac{1}{4}$片分
パルミジャーノチーズのすりおろし…大さじ1
オリーブオイル…適量
粗挽き黒こしょう…少々

1 天板に合わせてオーブンペーパーを切る。トマトは一口大に切る。ローズマリーは枝を除き、みじん切りにする。

2 手にオリーブオイル少々を塗って、高加水生地をオーブンペーパーに取り出し、丸める。手にオリーブオイルをたっぷり塗り、縁2cmを残し、中央から奥に生地をペーパーに張りつけるようにして伸ばす。オーブンペーパーを少しずつ回しながらこれを繰り返し、直径20cmの円形にする。

3 縁以外の部分にトマトソースを塗り広げ、ピザ用チーズとローズマリーを散らし、トマト、にんにくをのせる。こしょう、パルミジャーノチーズをふり、オリーブオイル適量を縁とオーブンペーパーの境にたらす。オーブンペーパーごと天板にのせる。

4 オーブンを250℃に予熱し、13〜15分、全体がこんがりとするまで焼く。

# パルミジャーナ

本来はなすとトマトソース、チーズを重ねて焼いた南イタリアの料理ですが、
旬が同時期のなすとズッキーニを重ねてピザに仕立てました。
焼けたなすとズッキーニからあふれる水分がソースとチーズにからんでおいしいです。

材料（直径20cmのもの1枚分）

基本の高加水生地（P10参照）… 200〜250g

なす … 1個
ズッキーニ … $\frac{1}{2}$本
基本のトマトソース（P19参照）… 大さじ2
ピザ用チーズ … 60g
あれば イタリアンパセリの粗みじん切り … 大さじ1
あれば タイムの葉 … 1枝分
パルミジャーノチーズのすりおろし … 小さじ4
オリーブオイル … 適量

1 天板に合わせてオーブンペーパーを切る。なすとズッキーニは
縦薄切りにする。

2 手にオリーブオイル少々を塗って、高加水生地をオーブンペー
パーに取り出し、丸める。手にオリーブオイルをたっぷり塗り、
縁2cmを残し、中央から奥に生地をペーパーに張りつけるよう
にして伸ばす。オーブンペーパーを少しずつ回しながらこれを
繰り返し、直径20cmの円形にする。

3 縁以外の部分にトマトソースを塗り広げ、ピザ用チーズ、イタ
リアンパセリとタイムを散らし、パルミジャーノチーズ小さじ
1をふる。なす、ズッキーニを少しずつ重ねながら広げてのせ、
オリーブオイル大さじ1をかける。パルミジャーノチーズ小さ
じ3をふり、オリーブオイル適量を縁とオーブンペーパーの境
にたらす。オーブンペーパーごと天板にのせる。

4 オーブンを250℃に予熱し、13〜15分、全体がこんがりとする
まで焼く。

焼く前の状態。薄切りのなすとズッ
キーニをところどころ重ねてのせる

# タルトフランベ風ピザ

フランス・アルザス地方のタルトフランベを高加水生地で作りました。
香ばしく焼けた玉ねぎに乳製品の酸味、パンチェッタの脂分とバランスの取れた組み合わせです。
同じ地方の白ワインと一緒に。

材料（直径20cmのもの1枚分）

基本の高加水生地（P10参照）… 200〜250g

パンチェッタ（またはベーコン）… 30g
玉ねぎ … $\frac{1}{6}$個

サワークリームチーズソース
| サワークリーム … 大さじ1 $\frac{1}{2}$
| カッテージチーズ … 大さじ1 $\frac{1}{2}$

オリーブオイル … 適量
粗挽き黒こしょう … 少々
あれば ナツメグパウダー … 少々
塩 … 少々

**1** 天板に合わせてオーブンペーパーを切る。玉ねぎは縦薄切りにし、パンチェッタは5mm四方の棒状に切る。サワークリームチーズソースの材料を混ぜ合わせる。

**2** 手にオリーブオイル少々を塗って、高加水生地をオーブンペーパーに取り出し、丸める。手にオリーブオイルをたっぷり塗り、縁2cmを残し、中央から奥に生地をペーパーに張りつけるようにして伸ばす。オーブンペーパーを少しずつ回しながらこれを繰り返し、直径20cmの円形にする。

**3** 縁以外の部分にサワークリームチーズソースを塗り広げ、玉ねぎ、パンチェッタを広げてのせ、こしょう、ナツメグ、塩をふる。オリーブオイル適量を上面と、縁とオーブンペーパーの境にたらす。オーブンペーパーごと天板にのせる。

**4** オーブンを250℃に予熱し、13〜15分、全体に焼き色がつくまで焼く。

# 焼きケールのピザ

アブラナ科の野菜は焦がすと独自のおいしさが生まれます。
アブラナ科のケールを香ばしく焼き、同様に香ばしい香りのくるみと合わせました。
焼きすぎたかな？ と思うくらいに焦がしてください。

材料（直径20cmのもの1枚分）

基本の高加水生地（P10参照）… 200〜250g

ケール（サラダ用の葉がやわらかいもの）… 大3〜4枚
くるみ（ローストしたもの）の粗みじん切り … 15g
ピザ用チーズ … 60g
パルミジャーノチーズのすりおろし … 大さじ1
オリーブオイル … 適量
粗挽き黒こしょう … 適量
塩 … 少々

1 天板に合わせてオーブンペーパーを切る。ケールは葉脈を除き、
　一口大にちぎって、オリーブオイル大さじ1であえる。
2 手にオリーブオイル少々を塗って、高加水生地をオーブンペー
　パーに取り出し、丸める。手にオリーブオイルをたっぷり塗り、
　縁2cmを残し、中央から奥に生地をペーパーに張りつけるよう
　にして伸ばす。オーブンペーパーを少しずつ回しながらこれを
　繰り返し、直径20cmの円形にする。
3 縁以外の部分にピザ用チーズとくるみを散らし、こしょう少々
　をふる。ケールをのせ、塩、こしょう少々をふる。パルミジャ
　ーノチーズをふり、オリーブオイル適量を縁とオーブンペーパ
　ーの境にたらす。オーブンペーパーごと天板にのせる。
4 オーブンを250℃に予熱し、13〜15分、ケールにこんがりと
　焼き色がつくまで焼く。

ケールは焼くと水分が飛
んで縮むので、たっぷり
のせて大丈夫

# きのこソテーのピザ

先にきのこをソテーし、きのこの香ばしさにバルサミコで甘さと酸味を加えています。
小さく焼くことでランチにしたり、前菜としてお出しするのにぴったりです。

材料（17×10cmの楕円形のもの2枚分）

基本の高加水生地（P10参照）… 200〜250g

きのこソテー
好みのきのこ（ここではしいたけ、ホワイトマッシュルーム、ブラウンマッシュルーム、まいたけ）
　… 合わせて200g
にんにくのみじん切り … 1片分
あればローリエ … 2枚
オリーブオイル … 大さじ2
バルサミコ酢 … 大さじ1$\frac{1}{2}$
塩、こしょう … 各少々

ピザ用チーズ … 60g
あればイタリアンパセリの粗みじん切り … 2枝分
あればタイムの葉 … 3枝分
パルミジャーノチーズのすりおろし … 大さじ1
オリーブオイル … 適量
粗挽き黒こしょう … 少々
バルサミコ酢 … 少々

**1** 天板に合わせてオーブンペーパーを切る。

**2** きのこソテーを作る。しいたけは軸を除き、マッシュルームは石突きを除き、ともに薄切りにする。まいたけはほぐす。フライパンにオリーブオイルとにんにくを入れて中火で熱し、きのことローリエを入れて炒める。ふたをして時々混ぜ、水分が出なくなったら塩、こしょう、バルサミコ酢で調味する。

**3** 手にオリーブオイル少々を塗って、高加水生地を半分にちぎり、1切れを楕円形に丸めてオーブンペーパーに横長に置く。手にオリーブオイルをたっぷり塗り、縁2cmを残し、生地を中央から左右にペーパーに張りつけるようにして伸ばす。これを繰り返し、17×10cmの楕円形にする。同様にしてもう1個作る。

**4** 縁以外の部分にピザ用チーズを散らし、**2**のきのこソテー、イタリアンパセリ、タイムをのせ、こしょうとパルミジャーノチーズをふり、バルサミコ酢をかける。オリーブオイル適量を上面と、縁とオーブンペーパーの境にたらす。オーブンペーパーごと天板にのせる。

**5** オーブンを250℃に予熱し、13〜15分、全体に焼き色がつくまで焼く。

# ほうれん草とロースハムのビスマルクピザ

卵を途中から加え、半熟にしたビスマルクです。
サワークリームを使ったソースにしましたが、お好みでトマトソースでも。

材料（直径20cmのもの1枚分）

基本の高加水生地（P10参照）… 200〜250g

ほうれん草 … 1/2わ
ロースハム … 2枚
卵 … 1個

サワークリームソース
| サワークリーム … 大さじ1 1/2
| 牛乳 … 大さじ1/2

ピザ用チーズ … 60g
パルミジャーノチーズのすりおろし … 大さじ1
オリーブオイル … 適量
塩 … 少々
粗挽き黒こしょう … 少々

**1** 天板に合わせてオーブンペーパーを切る。ほうれん草はかたい茎を除く。サワークリームソースの材料を混ぜ合わせる。ロースハムは手で一口大にちぎる。

**2** 手にオリーブオイル少々を塗って、高加水生地をオーブンペーパーに取り出し、丸める。手にオリーブオイルをたっぷり塗り、縁2cmを残し、中央から奥に生地をペーパーに張りつけるようにして伸ばす。オーブンペーパーを少しずつ回しながらこれを繰り返し、直径20cmの円形にする。

**3** 縁以外の部分にサワークリームソースを塗り広げ、塩、こしょうをふる。ピザ用チーズ50gを散らし、ロースハムをのせ、ほうれん草を生地の中央をあけるようにしてのせる。ピザ用チーズ10gをほうれん草の上にのせ、オリーブオイル大さじ1をかける。パルミジャーノチーズをふり、オリーブオイル適量を縁とオーブンペーパーの境にたらす。オーブンペーパーごと天板にのせる。

**4** オーブンを250℃に予熱し、約8分焼いたらいったん天板ごと取り出し、生地の中央に卵を割り落とす。再びオーブンに入れ、全体がこんがりとするまで、さらに5〜7分焼く。

# 基本の高加水生地で作る
# ゼッポリーニ

ゼッポリーニは、本来はナポリ名物のピッツァ生地に海藻を入れて揚げたものですが、
これを高加水生地で作ってみました。
もちもちとした食感の高加水生地に合う、いろいろな具材を合わせました。

# 実ざんしょうの
# ゼッポリーニ

香りを楽しむ実ざんしょうの季節の定番です。
実ざんしょうによってしびれる辛みの度合いが違いますので
お好みの量を加えてください。
生ハムやパンチェッタを巻いて食べるのもおすすめです。


材料（直径3cmのもの8個分）

基本の高加水生地（P10参照）… 150g

さんしょうの実の水煮（市販）… 10g
塩 … 少々
揚げ油 … 適量

**1** さんしょうの実はペーパータオルで水けをしっかり拭く。高加
　水生地とさんしょうの実をボウルに入れる。手に水をたっぷり
　つけ、よく練り混ぜる。
**2** 揚げ油を低温（160℃）に熱する。**1**を$\frac{1}{8}$量ずつちぎって丸く
　まとめるようにし、揚げ油に入れる。途中上下を返しながら、
　表面がきつね色になるまで約3分揚げ、取り出して油をきる。
　器に盛り、塩をふる。

さんしょうの実を生地によく練り混
ぜる。手に水をたっぷりつけるとや
りやすい

生地をちぎってまとめながら揚げ油
に入れていく。揚げる間に丸くなる
ので多少いびつでも大丈夫

# 春菊のゼッポリーニ

生の春菊をたっぷりと加えた、香りのよいゼッポリーニです。
こちらはパルミジャーノチーズをふりかけましたが、
ごまを混ぜて和の香ばしさと一緒に楽しむのも好きな組み合わせです。

材料（直径3cmのもの8個分）

基本の高加水生地（P10参照）… 150g

春菊 … 5本
パルミジャーノチーズのすりおろし … 適量
揚げ油 … 適量

1　春菊は葉を摘み、粗みじん切りにする。
2　高加水生地と1をボウルに入れる。手に水をたっぷりつけ、よく練り混ぜる。
3　揚げ油を低温（160℃）に熱する。2を$\frac{1}{8}$量ずつちぎって丸くまとめるよう
　　にし、揚げ油に入れる。途中上下を返しながら、表面がきつね色になるまで
　　約3分揚げ、取り出して油をきる。器に盛り、パルミジャーノチーズをふる。

春菊は生のまま刻み、生地に練り混
ぜる

# しらすとしそのゼッポリーニ

みんなが大好きな間違いのない組み合わせです。
釜揚げの桜えびを見つけたら、しらすの代わりに入れるのもおすすめです。

材料（直径3cmのもの8個分）

基本の高加水生地（P10参照）… 150g

釜揚げしらす … 20g
青じそのせん切り … 5枚分
白いりごま … 大さじ1
揚げ油 … 適量

1 高加水生地としらす、青じそ、ごまをボウルに入れる。手に水をたっぷりつけ、よく練り混ぜる。
2 揚げ油を低温（160℃）に熱する。1を$\frac{1}{8}$量ずつちぎって丸くまとめるようにし、揚げ油に入れる。途中上下を返しながら、表面がきつね色になるまで約3分揚げ、取り出して油をきる。

# チーズ入りゼッポリーニの生ハムのせ

よく伸びるモッツァレラチーズにバジルを巻きつけて溶け出しにくくし、生地をまとわせて揚げました。
生ハムをのせてお客様にお出しします。チーズが伸びるあつあつのうちにお召し上がりください。

材料（直径4cmのもの6個分）

基本の高加水生地（P10参照）… 100g

モッツァレラチーズ … 40g
生ハム … 3枚
バジルの葉 … 6枚（葉が大きい場合は3枚を半分に切る）
揚げ油 … 適量

**1** チーズは6等分に切る。生ハムは半分に切る。

**2** 揚げ油を低温（160℃）に熱する。手に水をたっぷりつけ、高加水生地を $\frac{1}{6}$ 量ずつちぎって伸ばす。チーズ1切れにバジル1枚を巻いて生地にのせ、まわりの生地を中央に寄せ集めて留める。揚げ油に入れ、途中上下を返しながら、表面がきつね色になるまで約3分揚げ、取り出して油をきる。

**3** 器に盛り、生ハムを丸めてのせる。

チーズ1切れにバジル1枚を巻いて
生地で包み込むように丸める

中に入れたチーズが伸びて、食感が
楽しい

# かぼちゃのゼッポリーニ

生地にかぼちゃをさっと混ぜて揚げます。
かぼちゃの水分が生地にほどよく加わることで軽い仕上がりになります。
たっぷりとシナモンシュガーをかけて揚げたてを頬張ってください。

材料（直径4cmのもの6個分）

<u>基本の高加水生地（P10参照）</u> … 100g

かぼちゃ … 50g
シナモンシュガー（市販）… 大さじ2
揚げ油 … 適量

**1** かぼちゃは一口大に切って、皮を下にして鍋に入れる。少なめの水を注いで
中火にかけ、ふたをして蒸し煮にする。竹串がすーっと通るようになったら、
ざるにあけて湯をきる。

**2** 高加水生地と**1**をボウルに入れる。手に水をたっぷりつけ、かぼちゃを潰し
すぎないようにざっくりと混ぜる。

**3** 揚げ油を低温（160℃）に熱する。**2**を$\frac{1}{6}$量ずつちぎって丸くまとめるように
し、揚げ油に入れる。途中上下を返しながら、表面がきつね色になるまで約
3分揚げ、取り出して油をきる。器に盛り、シナモンシュガーをかける。

かぼちゃは皮をつけたまま
蒸し煮に。皮が食感のアク
セントになる

# レーズンと
# ローズマリーの
# ゼッポリーニ

ぶどうとローズマリーは欧州で見かける定番の組み合わせです。
揚げたてにはちみつをかけてお出しします。
挽きたての黒こしょうをかけて前菜にするのも好きです。

材料（直径4cmのもの6個分）
基本の高加水生地（P10参照）… 100g

レーズンの粗みじん切り … 20g
ローズマリーの葉のみじん切り … 2枝分
はちみつ … 適量
揚げ油 … 適量

1 高加水生地とレーズン、ローズマリーをボウルに入れる。手に水をたっぷりつけ、よく練り混ぜる。
2 揚げ油を低温（160℃）に熱する。1を$\frac{1}{6}$量ずつちぎって丸くまとめるようにし、揚げ油に入れる。途中上下を返しながら、表面がきつね色になるまで約3分揚げ、取り出して油をきる。器に盛り、はちみつをかける。

＊ホットク用高加水生地（P60参照）で作ってもおいしくできる。

# パパナッシュ

ルーマニア発祥のイースト生地の揚げ菓子で、
本来はチェリージャムとサワークリームをかけて食べます。
高加水生地を広げて揚げることで軽い食感にし、
サワークリームソースと赤いジャムをかけて仕上げました。

材料（4×5cmのもの6個分）

<u>基本の高加水生地（P10参照）</u> … 100g

サワークリームソース
| ギリシャヨーグルト（無糖）… 30g
| サワークリーム … 30g
| 牛乳 … 大さじ 1 $\frac{1}{2}$

好みのベリー系のジャム
　（いちごやラズベリーなど）… 大さじ3
粉糖 … 適量
揚げ油 … 適量

1 サワークリームソースの材料を混ぜ合わせる。
2 揚げ油を低温（160℃）に熱する。高加水生地を $\frac{1}{6}$ 量ずつちぎり、手で4×5cmに伸ばし、揚げ油に入れる。途中上下を返しながら、表面がきつね色になるまで約3分揚げ、取り出して油をきる。
3 器に盛り、1とジャムをかけ、粉糖をふる。

＊ホットク用高加水生地（P60参照）で作ってもおいしくできる。

4×5cmを目安に、平たくしながら揚げ油に入れる。揚げる表面積が増えて軽い食感になる

揚げると平たかった生地が丸くなっていく。いろいろな形があっていい

# 基本の高加水生地で作る
# フラットブレッド

平らに伸ばした高加水生地を焼いたものです。
シンプルなので、上に具をのせて焼いたり、
主菜と一緒に食べるのに最適です。

## フムス

材料(作りやすい分量)

ひよこ豆の水煮(市販)… 240g
プレーンヨーグルト … 大さじ2
白練りごま … 大さじ2
レモン汁 … 大さじ2
オリーブオイル … 大さじ3
クミンパウダー … 大さじ1/2
コリアンダーパウダー … 大さじ1/2
塩 … 小さじ1
粗挽き黒こしょう … 適量

作り方
材料をすべてフードプロセッサーに入れて、なめらか
になるまで撹拌する。器に盛り、好みで紫玉ねぎの薄
切りや、ミントやディルなどのハーブをのせる。

## 揚げなす

材料(作りやすい分量)

なす … 3個
揚げ油 … 適量

作り方
1 なすは縦半分に切り、横2cm幅に切る。
2 揚げ油を中温(170℃)に熱し、1を入れ、表面がこ
  んがりと色づくまで揚げる。取り出して油をきる。

# ごまのフラットブレッド

中東や西アジアでよく見かけるごまがついたフラットブレッドを高加水生地で作り、
中東でよく食べられているフムスに、相性のよい揚げなすとたっぷりのハーブと紫玉ねぎを合わせました。
ハーブと紫玉ねぎを混ぜたフムスと揚げなすをフラットブレッドにのせて召し上がってください。

材料（20×10cmの楕円形のもの1個分）

基本の高加水生地（P10参照）… 200g

白いりごま… 大さじ1/2
黒いりごま… 大さじ1/2

1 天板に合わせてオーブンペーパーを切る。白ごまと黒
　ごまは合わせる。
2 手に水をたっぷりつけ、高加水生地を楕円形に丸めて
　オーブンペーパーに横長に置く。再び手に水をたっぷ
　りつけ、生地を中央から左右にペーパーに張りつける
　ようにして伸ばし、10×20cmの楕円形にする。
3 1のごまを表面に散らし、手で押しつけるようにする。
　オーブンペーパーごと天板にのせる。
4 オーブンを220℃に予熱し、11〜13分、全体に焼き
　色がつくまで焼く。

# いもバターのフラットブレッド

バターの香りをいもと生地にしみ込ませて焼き、さらに冷たいバターをのせます。
火の通ったバターと冷たいバター、両方のおいしさを楽しみながら召し上がってください。

材料（15×8cmの楕円形のもの2個分）

<u>基本の高加水生地（P10参照）</u> … 200g

焼きいも（市販）… 200g
バター … 20g
きび砂糖 … 大さじ1

伸ばしても戻ってくるので、何度も何度もペーパーに張りつけるようにして伸ばす

1 天板に合わせてオーブンペーパーを2枚切る。バターは薄切りにする。焼きいもは皮つきのまま手で大きめにちぎる。
2 手に水をたっぷりつけ、高加水生地を半分にちぎり、1切れを楕円形に丸めてオーブンペーパーに横長に置く。再び手に水をたっぷりつけ、生地を中央から左右にペーパーに張りつけるようにして伸ばし、15×8cmの楕円形にする。同様にしてもう1個作る。
3 1の焼きいもをのせ、バター10gを散らし、砂糖をふる。オーブンペーパーごと天板にのせる。
4 オーブンを220℃に予熱し、11〜13分、全体に焼き色がつくまで焼く。器に盛り、熱いうちにバター10gをのせる。

# ハーブのフラットブレッド

主菜と一緒に楽しむフラットブレッドです。好みのハーブをあしらってください。
美しく、香りのよい季節ごとのフラットブレッドになります。

材料（20×15cmの楕円形のもの1個分）

基本の高加水生地（P10参照）… 200g

好みのハーブ … 適量
 （ここでは
  バジルとディル各1枝、
  イタリアンパセリ2枝、
  えんどう豆のつる1枝、
  エシャロットの花1枝）

オリーブオイル … 適量
塩 … 少々

1 天板に合わせてオーブンペーパーを切る。ハーブ類はかたい
  枝を除く。

2 手にオリーブオイル少々を塗って、高加水生地を楕円形に丸
  めてオーブンペーパーに横長に置く。再び手にオリーブオイ
  ル少々を塗り、生地を中央から左右にペーパーに張りつける
  ようにして伸ばし、20×15cmの楕円形にする。

3 ハーブ類をのせ、手で押しつけるようにし、塩をふる。オリ
  ーブオイル適量を縁とオーブンペーパーの境にたらす。オー
  ブンペーパーごと天板にのせる。

4 オーブンを220℃に予熱し、11〜13分、全体に焼き色がつ
  くまで焼く。

# 牛肉とトマトのラフマジュン風フラットブレッド

トルコやアルメニアなどでよく食べられているフラットブレッドです。
ひき肉にスパイスを混ぜて、生肉のまま生地に広げて焼き上げます。
トルコで食べるように、紫玉ねぎの薄切りやレモンを添えるのがおすすめです。

材料（20×10cmの楕円形のもの1個分）

基本の高加水生地（P10参照）… 200g

肉だね

    牛ひき肉 … 50g
    ミニトマトの粗みじん切り … 3個分
    紫玉ねぎの粗みじん切り … 大さじ3
    ピーマンの粗みじん切り … $\frac{1}{2}$個分
    イタリアンパセリのみじん切り … 5枝分
    トマトペースト（市販）… 大さじ$\frac{1}{2}$
    オリーブオイル … 大さじ$\frac{1}{2}$
    塩 … 小さじ$\frac{1}{2}$
    パプリカパウダー … 小さじ$\frac{1}{2}$
    粗挽き黒こしょう … 適量

粗挽きとうがらし（韓国料理用）… 小さじ$\frac{1}{2}$
オリーブオイル … 適量

1 天板に合わせてオーブンペーパーを切る。肉だねの材料をボウルに入れ、しっかり練り混ぜる。

2 手にオリーブオイル少々を塗って、高加水生地を楕円形に丸めてオーブンペーパーに横長に置く。再び手にオリーブオイル少々を塗り、生地を中央から左右にペーパーに張りつけるようにして伸ばし、20×10cmの楕円形にする。

3 1の肉だねをのせて手で押しつけるようにして広げ、粗挽きとうがらしを全体にふる。オリーブオイル適量を縁とオーブンペーパーの境にたらす。オーブンペーパーごと天板にのせる。

4 オーブンを220℃に予熱し、11〜13分、全体に焼き色がつくまで焼く。器に盛り、好みで紫玉ねぎの薄切りとレモンのくし形切りを添える。

## サルシッチャの
## フラットブレッド

サルシッチャは
イタリア発祥のソーセージです。
腸に詰めずに肉をたたいた状態のものを
料理することもあり、ここではそれを
フラットブレッドと一緒に焼き上げました。
レモンをたっぷりと搾って
召し上がってください。

材料（直径20cmのもの1個分）

基本の高加水生地（P10参照）… 200g

サルシッチャ

　豚肩ロース焼肉用肉 … 150g
　にんにくのみじん切り … 1片分
　ローズマリーの葉のみじん切り … 2枝分
　塩 … 小さじ$\frac{1}{2}$
　粗挽き黒こしょう … 適量
　ドライセージ … 小さじ1
　オールスパイス … 小さじ$\frac{1}{2}$

紫玉ねぎの粗みじん切り … $\frac{1}{4}$個分
ローズマリーの葉のみじん切り … 2枝分
レモン … $\frac{1}{2}$個
オリーブオイル … 適量

1　天板に合わせてオーブンペーパーを切る。サルシッチャの材料の豚肉は包丁で細かくたたき、にんにくとともにボウルに入れてよく練り混ぜる。その他の材料も加えてよく練る。

2　手にオリーブオイル少々を塗って、高加水生地を丸めてオーブンペーパーに置く。再び手にオリーブオイル少々を塗り、生地を中央から奥にペーパーに張りつけるようにして伸ばす。オーブンペーパーを少しずつ回しながらこれを繰り返し、直径20cmの円形にする。

3　1のサルシッチャを少量ずつところどころに押しつけるようにしてのせ、紫玉ねぎを散らす。オリーブオイル適量を縁とオーブンペーパーの境にたらす。オーブンペーパーごと天板にのせる。

4　オーブンを220℃に予熱し、11〜13分、全体に焼き色がつくまで焼く。器に盛り、さらにローズマリーの葉のみじん切りを散らし、レモンを一口大に切って添える。

# じゃがいもとタプナードのフラットブレッド

じゃがいもにタプナードという南仏の組み合わせです。
焼きたてのフラットブレッドに冷たいタプナードをたっぷりとかけてください。
生地の熱さで香りが立ちます。

## 材料（直径12cmのもの2個分）

基本の高加水生地（P10参照）… 200g

じゃがいも … 2個

タプナード
　黒オリーブ（種を除いたもの）のみじん切り
　　… 30g
　ケッパーのみじん切り … 10g
　アンチョビーフィレのみじん切り
　　… 1枚分（4g）
　レモン汁 … 大さじ1
　オリーブオイル … 大さじ3
　レモンの皮のみじん切り … 1/4個分
　バジルの葉の粗みじん切り … 1枚分

オリーブオイル … 適量
粗挽き黒こしょう … 適量

1　天板に合わせてオーブンペーパーを2枚切る。じゃがいもは一口大に切って、熱湯でゆで、竹串がすーっと通るようになったら、ざるにあけて湯をきる。タプナードの材料をボウルに入れ、よく混ぜ合わせる。

2　手にオリーブオイル少々を塗って、高加水生地を半分にちぎり、1切れを円形に丸めてオーブンペーパーに置く。再び手にオリーブオイル少々を塗り、中央から奥に生地をペーパーに張りつけるようにして伸ばす。オーブンペーパーを少しずつ回しながらこれを繰り返し、直径12cmの円形にする。同様にしてもう1個作る。

3　1のじゃがいもをのせ、こしょうをふり、オリーブオイル適量を縁とオーブンペーパーの境にたらす。オーブンペーパーごと天板にのせる。

4　オーブンを220℃に予熱し、11〜13分、全体に焼き色がつくまで焼く。器に盛り、タプナードをかける。好みでバジルの葉の粗みじん切りとレモンの皮のみじん切りを散らす。

# カリフラワーのチュニジア風フラットブレッド

ハリッサは北アフリカでよく食べられている、とうがらしとスパイスのきいたペースト状の調味料です。
チュニジアでもよく食べられているハリッサを
カリフラワーにまとわせてフラットブレッドと一緒に焼き上げました。

材料（20×15cmの楕円形のもの1個分）

基本の高加水生地（P10参照）… 200g

カリフラワー … 小1/2個（200g）

**A** トマトペースト（市販）… 小1袋（18g）
オリーブオイル … 大さじ1
ハリッサ（市販）… 25g
レモン汁 … 大さじ1

イタリアンパセリの粗みじん切り … 2枝分
スペアミントの葉の粗みじん切り … 5枚分
オリーブオイル … 適量
塩 … 少々

1 天板に合わせてオーブンペーパーを切る。カリフラワーは小房に分け、熱湯でやわらかくゆで、ざるにあけて湯をきる。ボウルに入れ、**A**を加えてあえる。

2 手にオリーブオイル少々を塗って、高加水生地を楕円形に丸めてオーブンペーパーに横長に置く。再び手にオリーブオイル少々を塗り、生地を中央から左右にペーパーに張りつけるようにして伸ばし、20×15cmの楕円形にする。

3 1のカリフラワーをのせ、塩をふる。オリーブオイル適量を縁とオーブンペーパーの境にたらす。オーブンペーパーごと天板にのせる。

4 オーブンを220℃に予熱し、11〜13分、全体に焼き色がつくまで焼き、イタリアンパセリとスペアミントを散らす。

ハリッサ

# 基本の高加水生地を
# 二次発酵させて
# リュスティックを作る

リュスティックはフランスパンの一種で、生地に水分を多く含むハード系のパンです。
基本の高加水生地を二次発酵させておおらかに切り分け、
大きな気泡でもちもちとした食感のリュスティックを焼きます。
ホットク用高加水生地（P60 参照）でも同様にもちもちのリュスティックが作れます。

**材料**（約8×7cm のもの4個分）

基本の高加水生地（P10 参照）… 400g
打ち粉用の強力粉 … 適量

必要な道具
**クープナイフ**

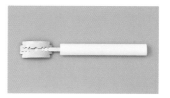

生地の表面にクープ（切り目）を入
れるためのナイフです。かみそりで
深く切れるのでしっかりとクープが
入ります。よく切れる包丁で代用す
ることもできます。

**1** オーブンペーパーを天板の大きさに合わせて切る。粉ふり用の容器や茶こしなどに打ち粉を入れてオーブンペーパーにふる。その際、中央には、やや多めになるようにふる。

**2** 高加水生地を両手で持ち上げ、空中で広げる。

3 打ち粉をしたオーブンペーパーの上に置く。生地を引っ張りながら、奥から1/3の長さを手前に一折りする。

4 オーブンペーパーごと180°回転させて、同様に奥から1/3の長さを手前に一折りし、生地をつまむようにして留める。

5 オーブンペーパーごと90°回転させて縦長の向きにし、奥から1/3の長さを手前に一折りする。

6 さらにオーブンペーパーごと180°回転させ、奥から1/3の長さを手前に一折りし、軽くつまむようにして留めて、厚みのある四角形にする。

7 生地の上に打ち粉をたっぷりとふってひっくり返し、上から優しく押さえて約20×15cmの四角形にする。

8 生地に上からたっぷりと打ち粉をふり、スケッパーや包丁などで縦半分、横半分に切り分け、4等分する。オーブンペーパーの上に離して置き、くっつかないように切り口に打ち粉をふる。

9 オーブンペーパーごと天板に移動させて、クープナイフやよく切れる包丁で、少し斜めに刃を倒して深めにクープ（切り目）を入れる（クープは好みで入れなくてもよい）。

10 室温が25℃前後ならオーブンに入れ、乾燥しないように庫内に霧吹きで水を3〜4回吹きかけ、1時間ほどおく。室温が低い場合はオーブンの発酵機能を使い、同様に霧吹きをして30℃なら30分〜1時間、35℃なら20〜40分、途中様子をみながら約1.5倍になるまで発酵させる。

**11** 約1.5倍にふくらんだら、いったん天板ごと取り出す。しめって粉がなくなっているような
ら、クープをなるべく避けて打ち粉を薄くふる。

**12** オーブンを220℃に予熱する。再び天板ごと入れ、庫内に霧吹きで水を3〜4回吹きかける。
クープが開いて好みの焼き色になるまで12~15分焼く。

# リュスティックで作る
# サンドウィッチ

リュスティックは焼きたてならそのまま、
前日焼いたものならトースターやグリルでリベイクしてください。
水分の多いパンなので、リベイクしても
もちもちとした生地は焼きたてと同様でおいしく召し上がっていただけます。
オープンサンドはリュスティックの上の部分と下の部分の味わいの差も楽しんで。

## あんバターサンド

シンプルなリュスティックに
粒あんとたっぷりのバターをはさみました。
甘いあんこと
しょっぱくて冷たいバターの組み合わせは心躍ります。
たっぷりのコーヒーやお茶とともに。

材料（2個分）

リュスティック（P48参照）… 2個

粒あん（市販）… 大さじ2〜2$\frac{1}{2}$

バター … 25〜30g

作り方

リュスティックは側面から包丁を入れて、厚みを半分に切る。
下のパンの断面に粒あんをのせ、バターを重ねてのせる。上の
パンではさむ。

＊バターは有塩で、冷蔵室から出した冷たいものをたっぷりのせる。

# レバノンサラダのオープンサンド

たっぷりのパセリをキュッとした酸味で食べるレバノンサラダを、フェタチーズと合わせました。
ミントが香る、夏の午後に食べたいオープンサンドウィッチです。

材料（4個分）

リュスティック（P48参照）… 2個

フェタチーズ … 100g
紫玉ねぎの粗みじん切り … 大さじ2
パセリ … 40g
ミントの葉 … 5枚
きゅうり … 1/3本
ズッキーニ … 1/4本
レモンの皮のすりおろし … 1/2個分

ドレッシング
　オリーブオイル … 大さじ1
　レモン汁 … 大さじ1/2
　塩 … 小さじ1/4
　こしょう … 少々

**1** レバノンサラダを作る。紫玉ねぎは水にさらし、水けをしっかりきる。パセリの葉を摘み、ミントとともに粗みじん切りにする。きゅうりとズッキーニは5mm角に切る。野菜をボウルに入れ、ドレッシングの材料を混ぜてかけ、あえる。レモンの皮を加えてざっと混ぜる。

**2** リュスティックは側面から包丁を入れて、厚みを半分に切る。フェタチーズは4等分の薄切りにする。

**3** パンの断面にフェタチーズを1切れずつのせ、**1**のサラダをこんもりとのせる。好みでさらにレモンの皮のすりおろしを散らす。

# 洋梨とピスタチオのオープンサンド

香り立つ、熟れてやわらかな洋梨にフレッシュチーズのリコッタ。
そこに食感の良いピスタチオを合わせました。
はちみつをたっぷりとたらしてお出しします。
朝食にもおやつにもぴったりの組み合わせです。

材料（4個分）

リュスティック（P48参照）… 2個

洋梨（ラ・フランスなど）… 1/2個
ピスタチオ（殻を除いたもの）… 20粒
リコッタチーズ … 大さじ8
はちみつ … 小さじ4
レモンの皮のすりおろし … 適量
バター … 適量

1 リュスティックは側面から包丁を入れて、厚みを半分に切る。
　 洋梨は皮つきのまま 7 ～ 8mm厚さのくし形に切って、長さを
　 半分に切る。ピスタチオを粗く刻む。

2 パンの断面にバターを塗り、リコッタチーズをのせる。洋梨
　 をリコッタチーズに刺すようにのせ、ピスタチオをふり、は
　 ちみつをかけてレモンの皮を散らす。

# B.L.E. サンド

具はベーコン、レタス、エッグです。
レタスをドレッシングであえていますが、定番のマヨネーズとケチャップももちろんおすすめです。
目玉焼きはカリッと焼いてください。
リュスティックは中がもちもちとしているので、サンドウィッチに最適です。

材料（2個分）

リュスティック（P48参照）… 2個

ベーコン … 4枚
レタス … 2枚
イタリアンパセリのざく切り … 4枝分
卵 … 2個

レモンマスタードドレッシング
　レモン汁 … $\frac{1}{4}$ 個分（大さじ1強）
　レモンの皮のすりおろし … $\frac{1}{4}$ 個分
　オリーブオイル … 50 ㎖
　マヨネーズ … 大さじ $\frac{1}{2}$
　ディジョンマスタード … 大さじ $\frac{1}{4}$
　塩 … 小さじ $\frac{1}{3}$ 強
　粗挽き黒こしょう … 少々

バター … 適量

**1** ベーコンは長さを半分に切る。フライパンに入れて中火にか
け、両面こんがりと焼いて取り出す。続けてフライパンに卵
を割り落とし、片面焼きか両面焼きにし、白身の縁がカリッ
とした目玉焼きを作る。

**2** ボウルにレモンマスタードドレッシングの材料を混ぜ合わせ、
大さじ 1 $\frac{1}{2}$ を別に取りおく。

**3** レタスは食べやすい大きさに切り、イタリアンパセリととも
に **2** のボウルに加えてあえる。

**4** リュスティックは側面から包丁を入れて、厚みを半分に切る。
パンの断面に取りおいたドレッシングとバターを塗る。ベーコ
ン、目玉焼き、**3** のサラダをのせ、残りのパンではさむ。

# 2章

材料を変えて
高加水生地と同じ作り方で

## アジアの粉ものを
## 作る

アジアを旅すると、
街中で出会う粉ものに心惹かれます。
カリッと焼かれた生地を割ると中の具はあつあつで、
その場ですぐに頬張るのが楽しみのひとつです。
もちっとしつつも伸びがあり、
多種多様な具を受け止めてくれるホットクの生地は、
わが家で一番の人気となりました。

# ホットク用
# 高加水生地を作る

基本の高加水生地の材料に上新粉を
加えた、もちもちとした生地です。
基本の高加水生地と同様によく混ぜ、
時間をかけて低温発酵させます。

**材料**（作りやすい分量・約450g）

強力粉 … 150g

薄力粉 … 20g

上新粉 … 50g

きび砂糖（または砂糖）… 10g

塩 … 3g

インスタントドライイースト … 1g

水 … 180g（粉類の約80％）

**1** 強力粉、薄力粉、上新粉を目の細か
いざるや粉ふるいに入れて、ふるい
ながらボウルに入れる。

**2** ゴムべらでよく混ぜ合わせる。

**3** 粉類の上に、砂糖と塩を重ならない
ように間隔をあけてのせる。

**4** 砂糖の上にドライイーストをのせる。

**5** ゴムべらで全体をざっと混ぜ合わせる。

**6** 水を一度に加える。

**7** ゴムべらで下から返すようにしながら混ぜる。

**8** 粉類が水分をすべて吸った状態になるまで、下から返しながらよく混ぜる。

**9** ボウルの底や生地に粉けがなくなり、ひとまとまりになるまで混ぜる。

**10** 清潔な保存容器に入れ、ふたをして冷蔵室に入れる。

**11** 約12時間たったら冷蔵室から出す。

**12** 生地を底の方から上へたたみ込むようにして、上面の乾燥した部分を内側に折り込み、均一の生地になるようにする。

**13** 下の部分が上面にくるように上下を返し、ふたをして冷蔵室に戻し、さらに約12時間おいて発酵させる。

**14** 生地がなめらかになり、1.5〜2倍にふくらんでいたらでき上がり。

＊ふたをして冷蔵室で約4日間保存可能。1日1回生地の発酵具合を確認し、ふたの方までふくらんでいたらパンチング（ガス抜き）して冷蔵室に戻す。

# ホットクを作る

韓国で食べられている発酵生地で作るおやきのような粉ものです。
甘い蜜にシナモンの香りのするあんやナッツのあん、ほのかな甘さのあんこに、
チャプチェの入った塩味のものなど、
市場などで揚げ焼きにされているのを見かけると素通りできません。
娘の大好物なので、わが家では常に生地を作っておいて、
すぐに甘いものでも塩味のものでも作れるようにしています。
大きめのフライパンやホットプレートなら何枚か一緒に焼いてもいいと思います。

## あんことゆず茶のホットク

あんこだけでもおいしいホットクですが、
混ぜるだけでできる自家製ゆず茶を加えて香りを足しました。
完全に包まれていなくても少しはみ出したあんこが焼けて香ばしく、おいしくなります。

材料（直径12cmのもの2個分）

ホットク用高加水生地（P60参照）… 200g

粒あん（市販）… 100g
自家製ゆず茶（下記参照）… 小さじ2
サラダ油 … 大さじ3

**1** 粒あんとゆず茶を混ぜ合わせる。

**2** 高加水生地は半分にちぎって丸め、1切れを直径20cmほどの平たい皿にのせる。手に水をたっぷりつけ、生地を中央から奥に皿に張りつけるようにして伸ばす（**A**）。皿を少しずつ回しながらこれを繰り返し、直径12cmの円形にする。

**3** 中央に**1**の半量をのせ、手に水をたっぷりつけてまわりの生地を中央に寄せ集めて留める（**B**）。

**4** フライパンにサラダ油大さじ1$\frac{1}{2}$を中火で熱し、**3**を留め口を下にして入れ、さっと焼いて焼き固まったら上下を返し、フライ返しなどで押して平たくする（**C**）。弱火にしてふたをし、途中でもう一度上下を返しながら4〜5分、両面がこんがりするまで焼く（**D**）。残りの生地も同様にしてもう1個作る。

A

皿の上に生地をのせて行なうと作業しやすい

B

生地の真ん中にあんをのせ、生地を集めるようにして包んでいく

C

留め口を下にしてフライパンに入れ、さっと焼いて焼き固まってから返し、フライ返しなどで平たくすることで上手に焼き上がる

D

両面がこんがりするまで焼く

---

### 自家製ゆず茶

材料（作りやすい分量）
ゆず … 1個
きび砂糖（または砂糖）… 大さじ8

**作り方**
ゆずは四つ割りにし、皮ごと薄切りにし、種は除く。砂糖を加え、混ぜて溶かす。
＊ 保存容器に入れ、冷蔵室で約1週間保存可能。湯で溶くとゆず茶になる。

## 焼きいもあんの
## ホットク

焼きいもに少量の砂糖とみりんを加えてあんにし、
焼き上げました。
あつあつの焼きいもあんと
黒ごまの香ばしさは冬のごちそうです。

1 焼きいもは皮を除いて粗くちぎってボウルに入れ、砂糖、み
　りんを加えて、フォークなどで練る。
2 高加水生地は3等分にちぎって丸め、1切れを直径20cmほ
　どの平たい皿にのせる。手に水をたっぷりつけ、生地を中央
　から奥に皿に張りつけるようにして伸ばす。皿を少しずつ回
　しながらこれを繰り返し、直径8cmの円形にする。
3 中央に1の1/3量をのせ、手に水をたっぷりつけてまわりの
　生地を中央に寄せ集めて留める。
4 ごまをバットに広げ、3の留め口を下にして片面にだけごま
　をまぶしつける。
5 フライパンにサラダ油大さじ1を中火で熱し、ごまをつけた
　面を下にして4を入れ、さっと焼いて焼き固まったら上下を
　返し、フライ返しなどで押して平たくする。弱火にしてふた
　をし、途中でもう一度上下を返しながら4〜5分、両面がこ
　んがりするまで焼く。残りの生地も同様にしてもう2個作る。

材料（直径8cmのもの3個分）

ホットク用高加水生地（P60参照）… 200g

焼きいも（市販）… 100g
きび砂糖（または砂糖）… 大さじ1
みりん … 小さじ2
黒いりごま … 大さじ3
サラダ油 … 大さじ3

# きび砂糖とシナモンの
# ホットク

焼くことできび砂糖が溶けて蜜のようになり、
シナモンが香るこのホットクがうちの一番の定番です。
シナモン好きなので最初に食べたときは
あまりのおいしさに驚きました。
寒い日の韓国の街角で頬張りたいホットクの代表です。

材料（直径12cmのもの2個分）

ホットク用高加水生地（P60参照）… 200g

きび砂糖（または砂糖）… 40g

はちみつ … 小さじ2

シナモンパウダー … 小さじ$\frac{1}{2}$

サラダ油 … 大さじ3

1 きび砂糖、はちみつ、シナモンを混ぜ合わせる。

2 高加水生地は半分にちぎって丸め、1切れを直径20cmほど
  の平たい皿にのせる。手に水をたっぷりつけ、生地を中央か
  ら奥に皿に張りつけるようにして伸ばす。皿を少しずつ回し
  ながらこれを繰り返し、直径12cmの円形にする。

3 中央に1の半量をのせ、手に水をたっぷりつけてまわりの生
  地を中央に寄せ集めて留める。

4 フライパンにサラダ油大さじ1$\frac{1}{2}$を中火で熱し、留め口を下
  にして3を入れ、さっと焼いて焼き固まったら上下を返し、
  フライ返しなどで押して平たくする。弱火にしてふたをし、
  途中でもう一度上下を返しながら4〜5分、両面がこんがり
  するまで焼く。残りの生地も同様にしてもう1個作る。

# はちみつナッツのホットク

熱い蜜に香ばしいナッツを数種類入れました。ナッツの食感と少しの塩分に熱い蜜。
どなたにも喜ばれる組み合わせです。

材料（直径12cmのもの2個分）

ホットク用高加水生地（P60参照）… 200g

**A** | ミックスナッツの粗みじん切り … 40g
きび砂糖（または砂糖）… 40g
シナモンパウダー … 小さじ$\frac{1}{2}$
はちみつ … 小さじ2
塩 … ひとつまみ

サラダ油 … 大さじ3

**1** Aをボウルに入れ、よく混ぜる。

**2** 高加水生地は半分にちぎって丸め、1切れを直径20cmほど
の平たい皿にのせる。手に水をたっぷりつけ、生地を中央か
ら奥に皿に張りつけるようにして伸ばす。皿を少しずつ回し
ながらこれを繰り返し、直径12cmの円形にする。

**3** 中央に**1**の半量をのせ、手に水をたっぷりつけてまわりの生
地を中央に寄せ集めて留める。

**4** フライパンにサラダ油大さじ1$\frac{1}{2}$を中火で熱し、留め口を下
にして**3**を入れ、さっと焼いて焼き固まったら上下を返し、
フライ返しなどで押して平たくする。弱火にしてふたをし、
途中でもう一度上下を返しながら4～5分、両面がこんがり
するまで焼く。残りの生地も同様にしてもう1個作る。

# 白あんと干し柿のホットク

干し柿とくるみは韓国でよく見かける組み合わせです。
そこに白あんを合わせました。品良く調和し、もっちりとした生地がよく合います。

材料（直径12cmのもの2個分）
ホットク用高加水生地（P60参照）… 200g

白あん（市販）… 60g
干し柿 … 正味40g
くるみ（ローストしたものを手で大きめに割ったもの）
　 … 20g
サラダ油 … 大さじ3

**1** 干し柿は1cm幅に切る。

**2** 高加水生地は半分にちぎって丸め、1切れを直径20cmほどの平たい皿にのせる。手に水をたっぷりつけ、生地を中央から奥に皿に張りつけるようにして伸ばす。皿を少しずつ回しながらこれを繰り返し、直径12cmの円形にする。

**3** 中央に白あん、干し柿、くるみの各半量を重ねるようにのせ、手に水をたっぷりつけてまわりの生地を中央に寄せ集めて留める。

**4** フライパンにサラダ油大さじ1½を中火で熱し、留め口を下にして**3**を入れ、さっと焼いて焼き固まったら上下を返し、フライ返しなどで押して平たくする。弱火にしてふたをし、途中でもう一度上下を返しながら4～5分、両面がこんがりするまで焼く。残りの生地も同様にしてもう1個作る。

## ハムチーズ入りホットク

生地が冷蔵室に眠っていてくれたらすぐに作れて、
リクエストの多い、しょっぱいおやつの代表です。
ハムと溶けたチーズの組み合わせは
期待を裏切らないおいしさです。

材料（直径12cmのもの2個分）

ホットク用高加水生地（P60参照）… 200g

ロースハム … 2枚
ピザ用チーズ … 80g
サラダ油 … 大さじ3

1 ハムは半分に切る。

2 高加水生地は半分にちぎって丸め、1切れを直径20cmほど
の平たい皿にのせる。手に水をたっぷりつけ、生地を中央か
ら奥に皿に張りつけるようにして伸ばす。皿を少しずつ回し
ながらこれを繰り返し、直径12cmの円形にする。

3 中央にハム1切れをのせ、チーズの半量をのせて、さらにハ
ム1切れをのせてはさむようにする。手に水をたっぷりつけ
てまわりの生地を中央に寄せ集めて留める。

4 フライパンにサラダ油大さじ1 1/2を中火で熱し、留め口を
下にして3を入れ、さっと焼いて焼き固まったら上下を返し、
フライ返しなどで押して平たくする。弱火にしてふたをし、
途中でもう一度上下を返しながら4〜5分、両面がこんがり
するまで焼く。残りの生地も同様にしてもう1個作る。

# キムチと切り干し大根のホットク

水分のあるキムチを包むのは難しいですが、そのおいしい水分を切り干し大根に吸わせて一緒に包みます。
食感もとてもよくなり、前菜やおつまみ、おやつにもなる組み合わせです。

材料（直径12cmのもの2個分）
ホットク用高加水生地（P60参照）… 200g

切り干し大根（乾燥）… 30g
白菜キムチ … 100g
しょうゆ … 小さじ2
サラダ油 … 大さじ3

1 切り干し大根は袋の表示通りに戻して水けをしっかり絞り、ざく切りにする。キムチは大きければ食べやすい大きさに切る。ともにボウルに入れ、しょうゆを加えて混ぜる。

2 高加水生地は半分にちぎって丸め、1切れを直径20cmほどの平たい皿にのせる。手に水をたっぷりつけ、生地を中央から奥に皿に張りつけるようにして伸ばす。皿を少しずつ回しながらこれを繰り返し、直径12cmの円形にする。

3 中央に1の半量をのせ、手に水をたっぷりつけてまわりの生地を中央に寄せ集めて留める。

4 フライパンにサラダ油大さじ1$\frac{1}{2}$を中火で熱し、留め口を下にして3を入れ、さっと焼いて焼き固まったら上下を返し、フライ返しなどで押して平たくする。弱火にしてふたをする。途中でもう一度上下を返しながら4〜5分、両面がこんがりするまで焼く。残りの生地も同様にしてもう1個作る。

# ホットクの生地で
# アジアの粉ものを作る

シンプルな配合でもちっとした食べごたえのあるホットクの生地で、アジアのいろいろな具材を包みました。

# ハチャプリ

ジョージア（旧グルジア）のチーズ入りパンです。本来は軽い酸味の白チーズを入れて焼きます。
ここではピザ用チーズにカッテージチーズを混ぜて軽い酸味を加え、
ハーブの香りとともに焼き上げます。

材料（直径12cmのもの2個分）

ホットク用高加水生地（P60参照）… 200g

A｜ピザ用チーズ … 60g
　｜カッテージチーズ … 60g
　｜イタリアンパセリの葉の粗みじん切り … 5枝分
　｜ディルの粗みじん切り … 5本分

サラダ油 … 大さじ3

ハーブ類とチーズ。チーズ
はピザ用とカッテージチー
ズを混ぜて使う

**1** **A**の材料をよく混ぜ合わせる。

**2** 高加水生地は半分にちぎって丸め、1切れを直径20cmほどの平たい皿にのせる。手に水をたっぷりつけ、生地を中央から奥に皿に張りつけるようにして伸ばす。皿を少しずつ回しながらこれを繰り返し、直径12cmの円形にする。

**3** 中央に**1**の半量をのせ、手に水をたっぷりつけてまわりの生地を中央に寄せ集めて留める。

**4** フライパンにサラダ油大さじ1$\frac{1}{2}$を中火で熱し、留め口を下にして**3**を入れ、さっと焼いて焼き固まったら上下を返し、フライ返しなどで押して平たくする。弱火にしてふたをし、途中でもう一度上下を返しながら4〜5分、両面がこんがりするまで焼く。残りの生地も同様にしてもう1個作る。

# チェブレキ

黒海近隣国で食べられている羊ひき肉と玉ねぎの入った揚げパンです。
地方によって牛肉を使ったり、チーズやハーブが入ったりと中身が違いますが、
すべて入れておいしさをまとめ、多めの油で焼き上げました。

材料（直径12cmのもの2個分）

ホットク用高加水生地（P60参照）… 200g

肉あん

　ラム焼肉用肉（または牛肉か牛ひき肉）… 100g
　玉ねぎの粗みじん切り … $1/6$ 個分
　パセリの粗みじん切り … 35g
　にんにくのみじん切り … $1/2$ 片分
　カッテージチーズ … 大さじ2
　片栗粉 … 大さじ1
　クミンシード … 大さじ $1/2$
　クミンパウダー … 小さじ1
　塩 … 小さじ $1/4$
　粗挽き黒こしょう … 少々
　あれば 粉とうがらし（韓国料理用）… 少々

サラダ油 … 大さじ3

ラム肉と玉ねぎ、チーズや
ハーブのたっぷり入った肉
あん

**1** 肉あんを作る。ラム肉は包丁で粗くたたく。ボウルに入れ、残
りの材料を加えてざっくりと混ぜる。

**2** 高加水生地は半分にちぎって丸め、1切れを直径20cmほどの
平たい皿にのせる。手に水をたっぷりつけ、生地を中央から奥
に皿に張りつけるようにして伸ばす。皿を少しずつ回しながら
これを繰り返し、直径12cmの円形にする。

**3** 中央に **1** の半量をのせ、手に水をたっぷりつけてまわりの生地
を中央に寄せ集めて留める。

**4** フライパンにサラダ油大さじ $1 1/2$ を中火で熱し、留め口を下
にして **3** を入れ、さっと焼いて焼き固まったら上下を返し、フ
ライ返しなどで押して平たくする。弱火にしてふたをし、途中
でもう一度上下を返しながら6〜8分、両面がこんがりするまで
焼く。残りの生地も同様にしてもう1個作る。

＊ クミンシードは香りのため、クミンパウダーは味つけのために入れる。
肉あんなので、焼き時間を長めにして、しっかり火を通す。

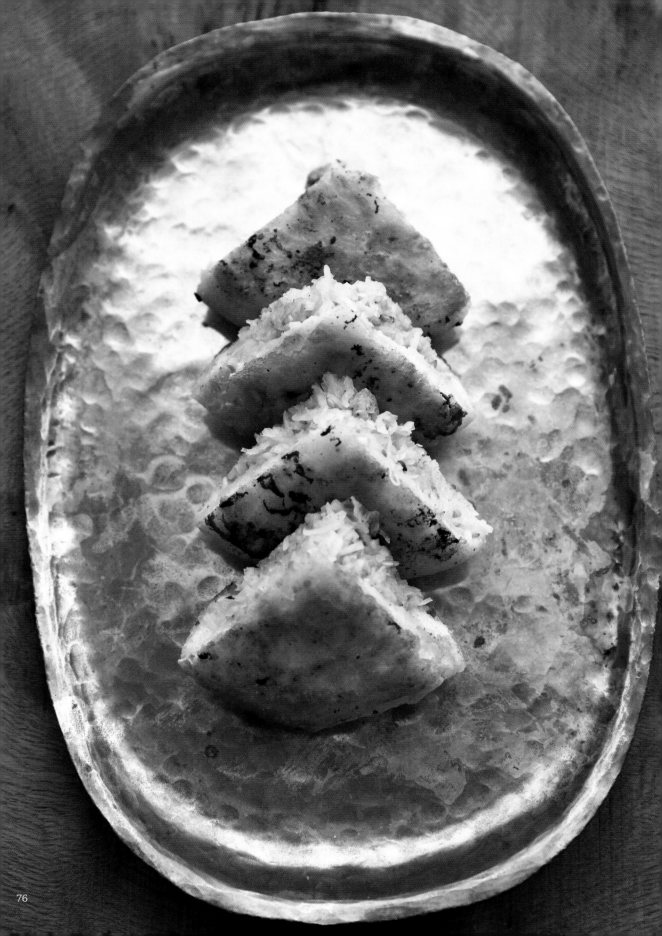

# 大根焼餅 <ruby>大根焼餅<rt>シャオビン</rt></ruby>

中華圏の朝食屋さんや街角の屋台で出会う、大根の細切りがたっぷりと入った焼餅です。
しっかりと大根の水きりをすることと、
干しえびや生ハムなどを入れて、香りと塩分を足すのがポイントです。

材料（直径12cmのもの2個分）

ホットク用高加水生地（P60参照）… 200g

大根 … 300g

**A** | 干しえびの粗みじん切り … 大さじ1
長ねぎの粗みじん切り … 10cm分
白いりごま … 大さじ1
ごま油 … 大さじ1
酒 … 小さじ1
塩 … 小さじ$\frac{1}{4}$
こしょう … 少々

塩 … 小さじ1
サラダ油 … 大さじ3

**1** 大根はスライサーでせん切りにする。塩を加えてもみ込み、水にさっとさらして、水けをしっかり絞る。ボウルに入れ、**A**の材料を加えてよくあえる。

**2** 高加水生地は半分にちぎって丸め、1切れを直径20cmほどの平たい皿にのせる。手に水をたっぷりつけ、生地を中央から奥に皿に張りつけるようにして伸ばす。皿を少しずつ回しながらこれを繰り返し、直径12cmの円形にする。

**3** 中央に**1**の半量をのせ、手に水をたっぷりつけてまわりの生地を中央に寄せ集めて留める。

**4** フライパンにサラダ油大さじ1$\frac{1}{2}$を中火で熱し、留め口を下にして**3**を入れ、さっと焼いて焼き固まったら上下を返し、フライ返しなどで押して平たくする。弱火にしてふたをし、途中でもう一度上下を返しながら4〜5分、両面がこんがりするまで焼く。残りの生地も同様にしてもう1個作る。

# 胡椒餅

<ruby>胡椒餅<rt>フージャオビン</rt></ruby>

中国・福建省発祥のタンドールのような窯で焼く焼餅で、台湾でもよく見かけます。
こしょうがきき、かつ甘めの豚肉あんに、ざく切りにしたわけぎのような青ねぎをたっぷりと入れて
焼いたものです。肉あんは甘めにすると、台湾で食べるあの味に近づけますので、砂糖を忘れずに加えて。

材料（直径8cmのもの3個分）

ホットク用高加水生地（P60参照）… 200g

肉あん
　豚肩ロース焼肉用肉 … 200g
　わけぎ（または九条ねぎ）のざく切り … 2本分（50g）
　しょうがのみじん切り … 20g
　片栗粉 … 大さじ1
　オイスターソース … 大さじ1
　しょうゆ … 大さじ1
　紹興酒（または酒）… 大さじ1
　五香粉 … 小さじ1
　きび砂糖（または砂糖）… 小さじ1
　ごま油 … 小さじ1
　粗挽き黒こしょう … 小さじ1〜2
　水 … 大さじ1

中華圏で使われるミックススパイスで、さまざまな調合があるが八角がメインに香る

こしょうがきいていて甘めの肉あん

白いりごま … 大さじ3
サラダ油 … 大さじ3

**1** 肉あんを作る。豚肉は包丁で粗くたたく。ボウルに入れ、残りの材料を加えてよく練り混ぜる。冷蔵室で1時間以上冷やす。

**2** 高加水生地は3等分にちぎって丸め、1切れを直径20cmほどの平たい皿にのせる。手に水をたっぷりつけ、生地を中央から奥に皿に張りつけるようにして伸ばす。皿を少しずつ回しながらこれを繰り返し、直径8cmの円形にする。

**3** 中央に**1**の⅓量をのせ、手に水をたっぷりつけてまわりの生地を中央に寄せ集めて留める。

**4** ごまをバットに広げ、**3**の留め口を下にして片面にだけごまをまぶしつける。

**5** フライパンにサラダ油大さじ1を中火で熱し、ごまをつけた面を下にして**4**を入れ、さっと焼いて焼き固まったら上下を返し、フライ返しなどで押して平たくする。弱火にしてふたをし、途中でもう一度上下を返しながら6〜8分、両面がこんがりするまで焼く。残りの生地も同様にしてもう2個作る。

# 牛肉餡餅
ニュウロウシェンビン

中国北方料理の牛肉あんの焼餅です。台湾に行くたびに北方料理店にあれば注文しています。
花椒（ホアジャオ）がポイントになりますので是非入れてください。
中国のたまりしょうゆがあれば加えてください。色や風味がよくなります。

材料（直径12cmのもの2個分）

ホットク用高加水生地（P60参照）… 200g

肉あん
　牛ひき肉 … 100g
　長ねぎのみじん切り … 1/4本分
　しょうがの薄切り … 2枚
　紹興酒（または酒）… 大さじ1
　片栗粉 … 大さじ1
　オイスターソース … 小さじ1
　甘めのしょうゆ（またはしょうゆ）… 小さじ1
　塩 … 小さじ1/2
　花椒（パウダー）… 小さじ1/4
　五香粉 … 小さじ1/4
　こしょう … 少々
　水 … 大さじ3

サラダ油 … 大さじ2

1　肉あんを作る。しょうがはみじん切りにする。ボウルに入れ、残りの材料を加えてよく練り混ぜる。冷蔵室で1時間以上冷やす。

2　高加水生地は半分にちぎって丸め、1切れを直径20cmほどの平たい皿にのせる。手に水をたっぷりつけ、生地を中央から奥に皿に張りつけるようにして伸ばす。皿を少しずつ回しながらこれを繰り返し、直径12cmの円形にする。

3　中央に1の半量をのせ、手に水をたっぷりつけてまわりの生地を中央に寄せ集めて留める。

4　フライパンにサラダ油大さじ1を中火で熱し、留め口を下にして3を入れ、さっと焼いて焼き固まったら上下を返し、フライ返しなどで押して平たくする。弱火にしてふたをし、途中でもう一度上下を返しながら6〜8分、両面がこんがりするまで焼く。残りの生地も同様にしてもう1個作る。

牛肉餡餅の肉あん。香りの強い花椒がポイント

# 青菜焼餅

チンツァイシャオビン

中華圏で食べられている青菜だけの饅頭（マントウ）や蒸し餃子のようなあんで焼餅に仕上げました。
小松菜を使いましたが、秋冬に出てくる旬の青菜を入れるのもおすすめです。

材料（直径12cmのもの2個分）

ホットク用高加水生地（P60参照）… 200g

干ししいたけ … 1枚
小松菜 … 5株（250g）
長ねぎの粗みじん切り … $\frac{1}{2}$本分
しょうがのみじん切り … 1かけ分

A｜白いりごま … 大さじ1
　｜ごま油 … 大さじ$\frac{1}{2}$
　｜しょうゆ … 小さじ1
　｜塩 … 小さじ$\frac{1}{2}$
　｜こしょう … 少々

サラダ油 … 適量

1 干ししいたけは水につけて戻し、軸を除いて粗みじん切りにする。小松菜は熱湯でさっとゆでて水にとり、水けをしっかり絞ってから粗みじん切りにする。
2 フライパンにサラダ油大さじ1を中火で熱し、長ねぎとしょうがを入れて、しんなりするまで炒める。
3 **1**、**2**、**A**の材料をボウルに入れてよく混ぜ合わせる。
4 高加水生地は半分にちぎって丸め、1切れを直径20cmほどの平たい皿にのせる。手に水をたっぷりつけ、生地を中央から奥に皿に張りつけるようにして伸ばす。皿を少しずつ回しながらこれを繰り返し、直径12cmの円形にする。
5 中央に**3**の半量をのせ、手に水をたっぷりつけてまわりの生地を中央に寄せ集めて留める。
6 フライパンにサラダ油大さじ1$\frac{1}{2}$を中火で熱し、留め口を下にして**5**を入れ、さっと焼いて焼き固まったら上下を返し、フライ返しなどで押して平たくする。弱火にしてふたをし、途中でもう一度上下を返しながら4〜5分、両面がこんがりするまで焼く。残りの生地も同様にしてもう1個作る。

# コーカサス風じゃがいも焼餅

黒海とカスピ海にはさまれたコーカサス地方のハチャプリをイメージして作りました。
ロシアが近いので、じゃがいもやサワークリームを加えて、酸味となめらかさを包み込みました。

材料（直径12cmのもの2個分）

ホットク用高加水生地（P60参照）… 200g

じゃがいも … 80g

A ピザ用チーズ … 50g
　 サワークリーム … 30g
　 ディルの粗みじん切り … 5本分
　 塩 … ふたつまみ
　 こしょう … 少々

サラダ油 … 大さじ3

**1** じゃがいもは一口大に切って、熱湯でゆで、竹串がすーっと通るようになったら、ざるにあけて湯をきり、冷ましてボウルに入れる。**A**の材料を加えてフォークなどでよく練る。

**2** 高加水生地は半分にちぎって丸め、1切れを直径20cmほどの平たい皿にのせる。手に水をたっぷりつけ、生地を中央から奥に皿に張りつけるようにして伸ばす。皿を少しずつ回しながらこれを繰り返し、直径12cmの円形にする。

**3** 中央に**1**の半量をのせ、手に水をたっぷりつけてまわりの生地を中央に寄せ集めて留める。

**4** フライパンにサラダ油大さじ1 $\frac{1}{2}$ を中火で熱し、留め口を下にして**3**を入れ、さっと焼いて焼き固まったら上下を返し、フライ返しなどで押して平たくする。弱火にしてふたをし、途中でもう一度上下を返しながら4〜5分、両面がこんがりするまで焼く。残りの生地も同様にしてもう1個作る。

# 失敗したかな、と思ったときは

発酵前

12時間発酵

24時間発酵、でき上がり

・うまく発酵しなかったら

高加水生地は冷蔵室で低温発酵させますが、冷蔵室の庫内温度は各ご家庭の状況によっても違ってくると思います。通常は2〜5℃ですので、この本ではこの温度内での発酵を前提としています。もし24時間たっても写真のように発酵していなければ少し温度が低すぎますので、野菜室に移動させ、さらに12時間ほど発酵させてみてください。発酵した生地の写真と見比べて、同じように生地がなめらかになり、ふっくらと発酵するまで待ってください。

また、日にちが経つにつれて過発酵気味になり、少し発酵臭が気になってくる場合もあります。その場合はピザやフラットブレッドなど、味のしっかりとした具材をのせて焼き上げると臭いが気にならなくなり、おいしく召し上がれます。

生地は伸ばしても戻ってくるので、何度も何度もペーパーや皿に張りつけるようにして伸ばす

・うまく伸ばせないときは

冷蔵室から出してすぐに生地を伸ばす場合、もちもちとしているので伸ばしてもすぐに戻ってきてしまいますが、少し常温に出しておくと伸ばしやすくなります。その分、手に生地がつきやすくなりますので、オイルや水を手につけてしっかりと伸ばしてください。

生地に穴があいてしまったら、指でつまむようにして閉じる

・伸ばすときに穴があいたら

力を入れて伸ばすと生地に穴があくこともありますが、その場合は指でつまんで補修します。そのまま穴があいていても具をのせると気になりませんし、その穴もその時のデザインととらえ、おおらかな気持ちで作るといいと思います。

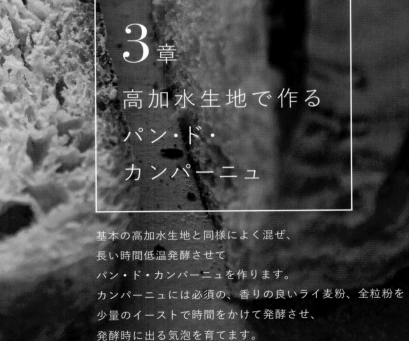

3章

高加水生地で作る

パン・ド・
カンパーニュ

基本の高加水生地と同様によく混ぜ、
長い時間低温発酵させて
パン・ド・カンパーニュを作ります。
カンパーニュには必須の、香りの良いライ麦粉、全粒粉を
少量のイーストで時間をかけて発酵させ、
発酵時に出る気泡を育てます。
ただ待つだけで香ばしいカンパーニュが
ご自宅で焼き上がります。

# パン・ド・カンパーニュを作る

基本の高加水生地と同様の作り方でパン・ド・カンパーニュを作ります。
材料は準強力粉をメインに使い、ライ麦粉や全粒粉を加えます。
鍋で焼き上げますので、鍋の中の水蒸気の効果でふくらみも良く焼き上がります。

## 材料（作りやすい分量）

準強力粉 … 180g

薄力粉 … 30g

ライ麦粉 … 20g

全粒粉 … 20g

打ち粉用の強力粉 … 適量

打ち粉用のライ麦粉 … 適量

きび砂糖（または砂糖）… 4g

塩 … 4g

インスタントドライイースト … 1g

水 … 175g（粉類の70%）

## 必要な材料と道具

P7とP48でご紹介した材料と道具に加えて、
パン・ド・カンパーニュを作るのに必要な材料と道具です。
ハード系のパンに必要な粉類などは製菓材料店のネット通販を利用しています。

### 準強力粉

強力粉よりもタンパク質の量が少なめで、フランスパンなどのハードパン用に製粉されている粉です。表面はパリッとし、クラム（パンの内側）は伸びのある生地になります。この本では、トラディショナルという準強力粉を使用しています。(トラディショナル／富澤商店）

### ライ麦粉

ナチュラルというライ麦粉を使用しています。さわやかな風味で細かく製粉されているので、多目的に使いやすいです。ライ麦粉はグルテンがないので全体の10〜30％を目安に使用してください。(ナチュラル／富澤商店）

### 全粒粉

きたほなみという北海道産の石臼挽きの全粒粉を使用しています。石臼挽きなので表皮が残り、香りと食感が良い粉です。(きたほなみ／富澤商店）

### 発酵カゴ

パン生地を発酵させるときに使うカゴです。生地の水分を適度に吸い、高さを保ちながら成形してくれます。やわらかい生地もつきにくく、カゴの筋跡が模様となりパン・ド・カンパーニュらしさがよく出ます。ボウルにさらしなどをかぶせ、打ち粉をつきやすくしたものでも代用できます。

### 鋳物ホウロウの鍋

焼くときに直径20cmの鋳物ホウロウ鍋を使用します。放射熱と、水蒸気を閉じ込めることによって、パン・ド・カンパーニュの生地のふくらみを良くする効果があります。天板に置いた生地にステンレスのボウルをかぶせたり、耐熱のガラスボウルでも代用できます。

1　準強力粉、薄力粉、ライ麦粉を目の細かいざるや粉ふるいに入れて、ふるいながらボウルに入れる。

2　全粒粉を加えてゴムべらでよく混ぜ合わせる。その上に重ならないように間隔をあけて、砂糖、塩をのせる。砂糖の上にドライイーストをのせて全体をざっと混ぜ合わせ、水を一度に加える。

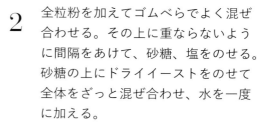

3　ゴムべらで下から返すようにしながら、粉類が水分をすべて吸った状態になるまでよく混ぜる。ボウルの底や生地に粉けがなくなり、ひとまとまりになるまで混ぜる。

4　清潔な保存容器に入れ（写真）、ふたをして30分ほど常温において発酵をうながしてから冷蔵室に入れる。

**5** 約12時間たったら冷蔵室から出す。生地を底の方から上へたたみ込むようにして上面の乾燥した部分を内側に折り込み、均一の生地になるようにする。下の部分が上面にくるように上下を返し、ふたをして冷蔵室に戻し、さらに約12時間おいて発酵させる。

**6** 生地がなめらかになり、1.5～2倍にふくらんでいたら生地のでき上がり。
＊ふたをして冷蔵室で約2日間保存可能。1日1回生地の発酵具合を確認し、ふたの方までふくらんでいたら、パンチング（ガス抜き）して冷蔵室に戻す。

**7** 成形する。オーブンペーパーを30cm四方に切り、台の上に置く。粉ふり用の容器や茶こしなどに打ち粉用の強力粉を入れてオーブンペーパーにふる。その際、中央には、やや多めになるようにふる。

**8** 生地の気泡を潰さないように、保存容器から自然に落ちるようにして、そっとオーブンペーパーの上にのせる。

**9** 生地を引っ張りながら、奥から⅓の長さを手前に一折りする。

**10** オーブンペーパーごと180°回転させて、同様に奥から⅓の長さを手前に一折りし、生地を
つまむようにして留める。

**11** オーブンペーパーごと90°回転させて縦長の向きにし、奥から⅓の長さを手前に一折りする。さらにオーブンペーパーごと180°回転させ、奥から⅓の長さを手前に一折りし、軽くつまむようにして留める。

**12** 生地の上に打ち粉（強力粉）をたっぷりとふって、留め口を上にした状態で、全体が丸くなるようにさらに口を寄せ集めて留める。

**13** ひっくり返して留め口を下にし、打ち粉（強力粉）をたっぷりとふって、手で丸くなるように整える。オーブンペーパーは取っておく。

**14** 発酵カゴに茶こしで打ち粉用のライ麦粉をたっぷりとふり、生地の留め口を上にしてそっと入れる。

**15** ラップをかけてクロスを重ね、1.5倍以上にふくらむまで、25℃前後の部屋に1〜2時間おく。室温が低い場合はオーブンの発酵機能を使い、30℃なら30分〜1時間、35℃なら20〜40分、ラップとクロスをかけた発酵カゴを天板にのせて発酵させる。

**16** 発酵させた生地がふっくらとふくらんでいたら（写真）、発酵カゴをいったん取り出す。オーブンの天板にパンを焼くためのホウロウの鍋をのせ、250℃に予熱する。

**17** 取りおいたオーブンペーパーの上に、ふくらんだ生地を留め口を下にして置く。

**18** 打ち粉用のライ麦粉をたっぷりとふり、上部にクープナイフやよく切れる包丁でクープ（切り目）を入れる。真ん中には深く十字にクープを入れ、さらに好みで模様を入れる。

19 オーブンペーパーの四隅を切り落とし、鍋の底のサイズに合わせて中央に向かって切り込みを8ヵ所ほど入れる。

20 鍋が熱くなっていたら、鍋つかみなどを使って取り出し（熱いので注意する）、鍋の中にオーブンペーパーごと生地を入れる。ふたをしてオーブンで15〜18分焼く。

**21** いったん鍋を取り出し、ふたをはずす。ふっくらとふくらみ、うっすらときつね色になっていたら、ふたをはずしたまま、220℃に下げたオーブンで15〜18分焼く。

**22** 上面が香ばしく焼けたら取り出して、網の上などで完全に冷めるまでおく。
＊そのまま一晩おいて、パンが落ち着いてから食べるとよい。

# パン・ド・カンパーニュのある風景

わが家で焼き上げたカンパーニュは、それだけでごちそうです。
焼き上がった日はカンパーニュを中心にしたメニューを考えます。

# カンパーニュに合わせたい、
# バターとペースト＆オイル

お客様にパンと一緒にお出しする季節のバターと、日常用にも多めに作っておきたいペースト＆オイルです。
レモンバターは、レモンの芳香と無塩バターの乳のやわらかい甘さ。
パンにたっぷりとつけて召し上がっていただきます。
緑のハーブバターには、季節のハーブと下に隠れたピスタチオ。箱庭のような見た目も喜ばれます。
ペースト＆オイルは多めに作っておくと、
サンドウィッチを作るときにパンに塗ったり、パスタソースに足したり、
野菜のディップにしたりと日常に寄り添ってくれます。

## レモンバター

## 緑のハーブバター

材料（作りやすい分量）

バター（食塩不使用）… 60g
レモン（無農薬）の皮のすりおろし … 1個分
塩 … 小さじ2

**1** レモンの皮のすりおろしの半量と塩を混ぜ
　　合わせる。
**2** バターは広い面を上にして器に盛り、1を
　　のせ、残りのレモンの皮のすりおろしをの
　　せる。

＊ 広い面にレモンの皮と塩をのせることで、どこから
　食べてもまんべんなく香りのするバターに。

材料（作りやすい分量）

バター（食塩不使用）… 60g
イタリアンパセリ … 5枝
ディル … 5本
ピスタチオ（ローストした殻なしのもの）の
　　粗みじん切り … 10粒分
塩 … 小さじ1/2

**1** イタリアンパセリは葉を摘み、ディルと
　　ともに粗く刻む。
**2** バターは広い面を上にして器に盛り、ピ
　　スタチオをのせ、塩をふる。1をこんもり
　　とのせる。

＊ ピスタチオが隠れるくらいたっぷりハーブをのせ
　るとよい。

## くるみとトマトの
## ペースト＆オイル

材料（作りやすい分量）

くるみ（ローストしたもの）… 60g
にんにく … 1/2片
トマトペースト（市販）… 大さじ4
オリーブオイル … 大さじ3
レモン汁 … 大さじ1
ハリッサ（市販）… 大さじ1
クミンパウダー … 小さじ1
塩 … 小さじ2/3

すべての材料をフードプロセッサーに入れ、
なめらかになるまで攪拌する（またはくるみ
とにんにくをみじん切りにし、残りの材料と
合わせてよく混ぜる）。器に盛り、好みでさ
らにオリーブオイルをかけ、くるみを手で割
って散らす。

＊ 保存容器に入れ、冷蔵室で約1週間保存可能。フラ
　ットブレッドやリュスティックにつけてもおいしい。

## カリフラワーとアンチョビーの
## ペースト＆オイル

材料（作りやすい分量）

カリフラワー（小房に分けたもの）… 200g分
A｜オリーブオイル … 大さじ1
　｜塩 … ひとつまみ
　｜水 … 150mℓ
アンチョビーフィレの粗みじん切り
　… 4枚分（15g）
アーモンド（ローストしたもの）の粗みじん切り
　… 10g
にんにく … 1/2片
オリーブオイル … 大さじ3
粗挽き黒こしょう … 少々
塩 … 適量

1 鍋にカリフラワーとAの材料を入れ、中火
　にかける。沸騰したらふたをし、やわらか
　くなるまで約15分蒸し煮にする。汁ごとフ
　ードプロセッサーに入れ、なめらかになる
　まで攪拌する（または鍋の中でへらで潰す）。
2 フライパンににんにくとオリーブオイルを
　入れて中火にかける。香りがたったらアン
　チョビーを加えてさっと混ぜて火を止め、
　アーモンド、こしょうを加えて混ぜる。
3 1をボウルに入れて2の半量を加えて混ぜ、
　塩で味をととのえる。器に盛り、残りの2
　をかけて、好みでローリエの葉をのせる。

＊ 保存容器に入れ、冷蔵室で約3日間保存可能。残っ
　たらパスタにかけてもおいしい。

### 内田真美（うちだまみ）

料理研究家。長崎県生まれ。幼少のころから食に興味を持ち、料理家の道へ。美しくおいしいレシピが評判を呼ぶ。また台湾やお茶文化にも造詣が深く、台湾のガイドブックも執筆。私生活では小学生の女の子の母でもある。
Instagram：@muccida

| | |
|---|---|
| ブックデザイン | 渡部浩美 |
| 撮影 | 長野陽一 |
| スタイリング | 西﨑弥沙 |
| 校正 | 根津桂子、新居智子 |
| 編集協力 | 井上美佳 |
| 撮影協力 | 武内由佳理 |
| | 富澤商店（TOMIZ） |
| | https://tomiz.com/ |

# 高加水生地の粉ものレッスン
### パンにもピザにもおやつにもなる

2021年3月19日　初版発行

著者／内田 真美
発行者／青柳 昌行
発行／株式会社KADOKAWA
　　　〒102-8177　東京都千代田区富士見2-13-3
　　　電話0570-002-301（ナビダイヤル）
印刷所／凸版印刷株式会社

●お問い合わせ
https://www.kadokawa.co.jp/（「お問い合わせ」へお進みください）
※内容によっては、お答えできない場合があります。
※サポートは日本国内のみとさせていただきます。
※Japanese text only

定価はカバーに表示してあります。